Melat Tekletsadik Haile

Desenvolvimento do espírito empresarial das mulheres na Etiópia

Melat Tekletsadik Haile

Desenvolvimento do espírito empresarial das mulheres na Etiópia

Estudo de caso de mulheres que trabalham por conta própria WISE

ScienciaScripts

Imprint

Cover image: www.ingimage.com

This book is a translation from the original published under ISBN 978-3-659-83189-8.

Publisher:
Sciencia Scripts
is a trademark of
Dodo Books Indian Ocean Ltd. and OmniScriptum S.R.L publishing group

120 High Road, East Finchley, London, N2 9ED, United Kingdom
Str. Armeneasca 28/1, office 1, Chisinau MD-2012, Republic of Moldova, Europe
Printed at: see last page
ISBN: 978-620-8-30607-6

Índice:

Capítulo 1	5
Capítulo 2	11
Capítulo 3	20
Capítulo 4	29

DESENVOLVIMENTO DO ESPÍRITO EMPRESARIAL DAS MULHERES NA ETIÓPIA

UM ESTUDO DE CASO DE MULHERES QUE TRABALHAM POR CONTA PRÓPRIA (WISE)

Por:

Melat Tekletsadik Haile

Agradecimentos

Em primeiro lugar e acima de tudo, agradeço a Deus por me ter concedido o desejo do meu coração e por me ter acompanhado ao longo do ano. Gostaria de expressar os meus sinceros agradecimentos a todos os instrutores académicos e ao pessoal do SIT Graduate Institute e da World Learning pelo seu empenho e apoio. A minha sincera gratidão a Tsegie Haile, Diretora Executiva da Women in Self Employment (WISE), por me ter fornecido todos os materiais de investigação necessários.

Aproveito esta oportunidade para agradecer à minha irmã Meklit Haile e ao seu noivo, Ermias Alemu, por terem apoiado a minha estadia aqui nos EUA. Estou igualmente grato ao meu amigo Andreas Eggenberger pela sua amizade e orientação. Agradeço aos meus pais por me terem incutido os princípios do trabalho árduo, do empenhamento e do serviço. Por último, mas não menos importante, agradeço a todos os meus amigos por acreditarem em mim.

Resumo

O objetivo do estudo é avaliar o nível de eficácia e o impacto de uma organização da sociedade civil na resposta aos desafios das mulheres empresárias do sector informal na Etiópia, em particular na cidade de Adis Abeba, nos seus esforços para fazer crescer as suas empresas.

Foi utilizado um estudo de caso qualitativo de uma organização da sociedade civil denominada Women in Self Employment Organization (WISE). Foram efectuadas análises documentais dos planos estratégicos e relatórios da organização, incluindo relatórios de avaliação. Foi aplicado um questionário à diretora executiva da organização para criar um contexto. O estudo é analisado criticamente em relação às teorias sobre género e desenvolvimento, em particular o quadro teórico de Moser, um estudo realizado pela OIT sobre a eficácia das intervenções de desenvolvimento do espírito empresarial para as mulheres empresárias e, por último, um estudo encomendado pelo Centro Internacional de Investigação para as Mulheres sobre os serviços de desenvolvimento empresarial para o crescimento empresarial das mulheres, a fim de comparar práticas e avaliar a sua eficácia. Por último, é examinada a eficácia organizacional.

O resultado do estudo revelou que a abordagem de intervenção integrada do WISE, principalmente através da capacitação económica, foi altamente eficaz e alterou a situação socioeconómica dos seus alvos, tanto a nível do agregado familiar como da comunidade. Os princípios e as suas abordagens estão em conformidade com os estudos sobre a eficácia das intervenções no desenvolvimento do espírito empresarial e com as teorias do género e do desenvolvimento.

Capítulo 1

I. Introdução

O documento começa por analisar o índice global de disparidades entre homens e mulheres. Seguir-se-ão dados estatísticos sobre a situação socioeconómica das mulheres e dos homens e um estudo sobre a utilização do tempo realizado pela Agência Central de Estatística da Etiópia. Este estudo será precedido de uma análise do compromisso assumido pelo Governo da Etiópia no sentido de combater a desigualdade entre homens e mulheres. Na última secção da introdução, é feita uma breve atualização macroeconómica.

1.1.1 Antecedentes

De acordo com o Fórum Económico Mundial, o índice de disparidades entre homens e mulheres na Etiópia é de 127 entre 142 países (Fórum Económico Mundial, 2014). Os quatro subíndices utilizados para medir a pontuação são a saúde, a economia, a educação e a política. Os subíndices para a economia medem a diferença de participação, a remuneração e a diferença de progressão. Por conseguinte, as pontuações para a Etiópia são as seguintes: participação na força de trabalho (0,90), igualdade salarial para trabalho semelhante (0,69), rendimentos estimados do trabalho (0,51), legisladores, altos funcionários e gestores (0,36), trabalhadores profissionais e técnicos (0,48). Uma pontuação de 1 indica paridade. (Pontuações em anexo). As atitudes, crenças e práticas tradicionais que reforçam os papéis de género limitam a participação das mulheres no desenvolvimento (UN Women.org).

1.1.2 Caraterísticas socioeconómicas

O estudo sobre a utilização do tempo realizado pela Agência Central de Estatística é utilizado para esta secção. O uso do tempo mostra como as mulheres, os homens, as raparigas e os rapazes gastam o seu tempo em relação ao trabalho remunerado e não remunerado (CSA, 2014). O estudo refere que a atribuição de tempo é a principal fonte de desigualdade de género entre homens e mulheres na produção doméstica. O estudo sobre a utilização do tempo é importante para compreender a contribuição invisível das mulheres para a economia e para os agregados familiares. As conclusões contribuem para a tomada de decisões políticas por parte do governo e dos planeadores de programas e para colmatar o fosso entre os géneros. Apresentam-se em seguida alguns dados socioeconómicos que afectam a participação na força de trabalho.

Educação: De acordo com o relatório da CSA, as mulheres têm um nível de escolaridade inferior ao dos homens. O inquérito revelou que, nas zonas urbanas, 24% das mulheres nunca frequentaram a escola, em comparação com 13% dos homens. O desequilíbrio entre os géneros no caso das que frequentaram a escola é menor.

Fonte de rendimento do agregado familiar: Nas zonas urbanas, 13% das mulheres estavam envolvidas em algum tipo de atividade agrícola, 26% em negócios/comércio não agrícola e 38% em trabalho assalariado.

Emprego e grupos profissionais: Há uma maior desigualdade de género no emprego, 71% para os homens e 55% para as mulheres. As mulheres estão envolvidas em trabalhos menos qualificados, provavelmente no sector das vendas e dos serviços, com 40% de mulheres e 23% de homens.

Situação do emprego: mais de metade das mulheres empregadas são trabalhadoras por conta própria ou familiares não remuneradas. Cerca de 36% dos homens e mulheres empregados nas zonas urbanas são trabalhadores por conta própria e 20% das mulheres, em comparação com 11% dos homens, exercem uma atividade familiar não remunerada.

Repartição das responsabilidades domésticas: nas zonas urbanas e rurais, as mulheres assumem o ónus das responsabilidades domésticas, incluindo a recolha de água e de combustível. Este valor é de 70% para as mulheres urbanas e apenas 10% das famílias urbanas e rurais partilham as responsabilidades pela recolha de água e combustível.

Propriedade de equipamentos e bens e despesas dos agregados familiares: o controlo dos bens de habitação, das terras agrícolas e não agrícolas e das terras e animais era relativamente equitativo nas zonas urbanas, ao passo que a diferença nas zonas rurais era mais acentuada.

Despesas do agregado familiar: tanto nas zonas urbanas como nas rurais, os homens são responsáveis pelas compras para as despesas do agregado familiar. Nas zonas urbanas, é referido que os homens controlam entre 30-60% das despesas do agregado familiar em diferentes categorias. Os homens gastam mais em transportes, comunicações, álcool, tabaco e restaurantes. Nas zonas urbanas, as mulheres controlavam apenas 30% das despesas do agregado familiar em saúde, alimentação, habitação e água. O restante das despesas era efectuado em conjunto.

Tempo despendido: O estudo também mostrou que 89% das mulheres urbanas e 94% das mulheres rurais estão envolvidas em trabalho não remunerado, que inclui cuidar de crianças, cuidar de adultos, serviços domésticos e serviços comunitários, gastando em média 5-6 horas, ao passo que apenas 47% dos homens urbanos estão envolvidos em trabalho não remunerado, gastando em média 2 horas e 59% dos homens rurais gastam 4 horas. Do mesmo modo, 79% das raparigas urbanas, em comparação com 47% dos rapazes, estão envolvidos em trabalho não remunerado, gastando 3,5 horas para as raparigas e 2 horas para os rapazes. As mulheres do grupo etário dos 15 aos 64 anos têm mais probabilidades de participar no trabalho não remunerado. As mulheres que nunca foram casadas ou divorciadas passam menos tempo do que as casadas. As mulheres que tiveram filhos passaram 362 minutos em comparação com as que não tiveram filhos, que passaram 257 minutos. Uma grande parte do tempo gasto em trabalho não remunerado vai para actividades relacionadas com os filhos. O estudo revelou também que as mulheres com níveis de escolaridade mais elevados despendiam menos tempo em trabalho não remunerado, mas não necessariamente com maiores despesas domésticas. 93% das mulheres sem habilitações literárias despendiam 5,6 horas diárias em trabalho não remunerado, ao passo que as que tinham concluído o ensino secundário despendiam 4 horas. O relatório refere que o aumento dos níveis de escolaridade está associado ao envolvimento em trabalho produtivo e a uma melhoria do estatuto económico, o que aumenta a capacidade de pagar equipamentos domésticos que poupam tempo e outras ajudas que poupam o tempo gasto em trabalho não remunerado.

1.1.3 Governo da Etiópia

O plano de desenvolvimento nacional do Governo da Etiópia, o Plano de Crescimento e Transformação (GTP), declarou que a promoção do empoderamento das mulheres e dos jovens e o benefício equitativo são uma das estratégias fundamentais para sustentar a trajetória de crescimento rápido e alargado

(MOFED, 2010). O objetivo consiste em "assegurar a participação ativa das mulheres no desenvolvimento económico do país e o benefício equitativo do crescimento económico; aumentar a participação no sector social e o empoderamento das mulheres através da abolição de práticas tradicionais prejudiciais e da afirmação da participação das mulheres na política". Algumas das estratégias mencionadas relevantes para este documento são: ajudar as mulheres a formar cooperativas; encorajar as mulheres a aumentar o seu rendimento através da participação em actividades geradoras de rendimento que não a agricultura, promover serviços de poupança e de crédito, alargar programas que ajudem a diminuir a carga de trabalho das mulheres rurais, criar um ambiente propício para permitir que as associações de mulheres funcionem eficazmente e aumentar o papel decisório das mulheres.

Outros documentos que afirmam os direitos das mulheres são a Constituição, a Política de Género da Etiópia, o Código Penal Federal revisto e a Lei Regional da Família (UN Women.org).

1.1.4 O ambiente macroeconómico através da perspetiva do género

As economistas feministas defendem a necessidade de investigar a forma como as políticas macroeconómicas afectam a igualdade de género e o empoderamento das mulheres. Apresenta-se aqui uma breve atualização do contexto macroeconómico da Etiópia. A Etiópia é uma das economias de crescimento mais rápido em África, com uma taxa de crescimento do PIB de 11% em média entre 2003 e 2010 (MOFED, 2010). O MOFED informou que a taxa de crescimento real dos três sectores, nomeadamente a agricultura, a indústria e os serviços, foi de 10,3%, 10,2% e 13,0%, respetivamente. O sector dos serviços é o principal contribuinte para o crescimento.

Apesar da taxa de crescimento do PIB de dois dígitos registada, a taxa de inflação tem sido muito elevada, tendo atingido o seu máximo histórico em 2008, com 44,4% (World bank.org). Tem havido um declínio e atualmente situa-se em 7,4% (Worldbank.org). Se a taxa de inflação não for contida, os ganhos podem ser perdidos, afectando gravemente as mulheres vulneráveis. Outras preocupações económicas predominantes que afectam a estabilidade do ambiente macroeconómico são os baixos níveis de reservas externas; a grande acumulação de dívida por parte das empresas públicas; e a exclusão do sector privado. (FMI, 2014).

.1.2 Descrição do problema

Tal como referido nas secções anteriores, existe uma desigualdade de género generalizada na Etiópia. A estratégia de promoção da poupança e do crédito e de geração de rendimentos do governo constitui uma oportunidade para os que trabalham em prol da igualdade de género. Por outro lado, existem muitos programas e projectos de desenvolvimento do espírito empresarial que foram concebidos na Etiópia. O maior desses projectos é atualmente o projeto de Desenvolvimento do Empreendedorismo Feminino do Banco Mundial, com um orçamento de 42 milhões de dólares. O objetivo do projeto é aumentar os rendimentos e o emprego das MPE pertencentes ou parcialmente pertencentes às mulheres empresárias participantes nas cidades visadas, através do acesso a microfinanciamentos e do desenvolvimento das competências empresariais e técnicas do grupo-alvo (World Bank.org). Há muitos outros projectos semelhantes empreendidos também por organizações sem fins lucrativos.

Muitas vezes, não é dada atenção suficiente à medição do progresso, especialmente quando se trata de programas geridos pelo governo e por organizações sem fins lucrativos. Mesmo quando são realizados estudos, estes não são amplamente partilhados e são pouco acessíveis. Avaliar a eficácia dos programas e projectos ajuda a aprender com o que está a funcionar e a adaptar a estratégia em conformidade. As políticas, estratégias e programas falharão se não forem informados por estudos de impacto ou se não retirarem lições das melhores experiências programáticas

1.3 Objetivo do estudo

Os objectivos deste estudo de caso são os seguintes:

- Identificar os desafios enfrentados pelas mulheres empresárias
- Analisar a forma como a intervenção está a abordar estes condicionalismos através de serviços de desenvolvimento empresarial
- Avaliar o nível de eficácia e o impacto das abordagens para o desenvolvimento do espírito empresarial das mulheres
- Identificar as melhores práticas e os ensinamentos retirados dos programas de desenvolvimento do espírito empresarial

1.4 Metodologia

Foi utilizado um estudo de caso qualitativo. Foi também utilizada uma análise documental de documentos organizacionais importantes.

1.5 Importância do estudo

- Acrescentar valor a um estudo existente e a um conjunto de conhecimentos sobre projectos e programas de desenvolvimento do espírito empresarial das mulheres
- Ajuda a aprender as melhores experiências programáticas que podem ser adoptadas por outras partes interessadas semelhantes
- Incentiva a continuação da investigação sobre a igualdade de género na Etiópia

Capítulo 2

II. REVISÃO DA LITERATURA

2.1 O que é o empreendedorismo?

O empreendedorismo é uma importante fonte de emprego e de rendimento, tanto para as mulheres que vivem nas cidades como nas zonas rurais, especialmente nos países de baixo rendimento. As actividades podem ser realizadas em casa das mulheres, nas ruas, em mercados abertos, ou por aquelas que possuem empresas para gerir e administrar com empregados sob a sua responsabilidade (USAID, 2006). Nos mercados de trabalho que não incluem as mulheres vulneráveis, o empreendedorismo é, na maioria das vezes, o único meio de ganhar a vida (USAID, 2006).

2.2 Contribuição das mulheres empresárias para o desenvolvimento económico

O espírito empresarial das mulheres tem potencial para contribuir significativamente para a criação de oportunidades económicas e de emprego em muitos países em desenvolvimento. A capacitação económica das mulheres tem um efeito de arrastamento. Melhora o estatuto social das mulheres. Traduz-se em melhores resultados em termos de saúde e bem-estar para elas próprias, para as suas famílias e para a comunidade em geral. (OIT, 2014) O indivíduo beneficia de uma maior confiança, o que implica que terá uma melhor capacidade de decisão e um maior sentido de controlo sobre as suas vidas (ICRW, 2001). Contribui também significativamente para a redução da pobreza, a melhoria da literacia e da educação (OIT, 2014). A OIT observa ainda que, em muitos países, o empreendedorismo constitui uma parte maior da proporção de trabalho remunerado das mulheres na economia. Por conseguinte, existe um forte argumento a favor da necessidade de apoiar o empoderamento económico das mulheres.

Os dados mostram que as pequenas e médias empresas detidas por mulheres são aproximadamente 8 a 10 milhões em todo o mundo em desenvolvimento, o que representa cerca de 31 a 38% de todas as pequenas e médias empresas (PME) nos mercados emergentes (IFC, 2011). O número de empresas detidas por mulheres está a aumentar a um ritmo mais rápido do que as empresas detidas por homens (ILO, 2014).

O Banco Africano de Desenvolvimento (BAD) e a OIT consideram estas empresas como prioridades importantes para o continente. Reconhecem o seu contributo não só como forma de incentivar o desenvolvimento económico e a redução da pobreza, mas também como promotoras de uma distribuição equitativa do rendimento para os habitantes das zonas rurais e urbanas. Além disso, estas empresas promovem uma cultura de empreendedorismo e competências empresariais nas comunidades locais em que se inserem (OIT, 2007).

2.3 Desafios para o desenvolvimento do espírito empresarial das mulheres

Houve muitos progressos na redução das disparidades de género em muitos países em desenvolvimento, especificamente na educação e na saúde, mas persistem lacunas no empoderamento das mulheres na esfera económica (Fórum Económico Mundial, 2013). Apesar do reconhecimento do desenvolvimento do empreendedorismo das mulheres como um motor de oportunidade económica/empoderamento e do seu efeito de arrastamento significativo para outras áreas do desenvolvimento humano, persistem várias restrições que dificultam o desenvolvimento do empreendedorismo das mulheres. Estes relacionam-se, como mencionado nas secções anteriores, com a responsabilidade primária dos papéis reprodutivos e comunitários que as mulheres têm de cumprir e que incluem actividades como a criação dos filhos e a prestação de cuidados a idosos e doentes. Outros constrangimentos são a falta de acesso ao financiamento, à formação, aos mercados, às redes, o quadro jurídico discriminatório, bem como a insuficiente capacidade do governo, da sociedade civil, das empresas e das instituições de serviços financeiros para resolver a desigualdade entre os sexos (USAID, 2006). As mulheres também têm menos educação, experiência empresarial limitada e menos redes para potenciar o acesso a recursos empresariais, informação e aconselhamento. (ILO2014). Alguns dos desafios são apresentados em pormenor a seguir.

2.3.1 Leis e quadros jurídicos discriminatórios

Embora mais de 136 países tenham declarado explicitamente nas suas constituições a igualdade entre homens e mulheres, há ainda um longo caminho a percorrer para muitos países em desenvolvimento no que diz respeito ao controlo da propriedade (IFC, 2014). O mesmo relatório refere que as mulheres não têm a mesma segurança nos direitos de propriedade que os homens. Refere que apenas 20 dos 136 países não apresentam lacunas legais nos direitos económicos de mulheres e homens. Refere ainda que a garantia dos direitos constitucionais não assegura a igualdade, uma vez que, em muitos países, especialmente em África e no Pacífico, as leis não codificadas e consuetudinárias se sobrepõem às leis escritas formais. O estudo dá o exemplo de muitos países africanos onde as mulheres casadas não têm direito a títulos de terra sem a autorização do marido. A propriedade da terra continua a pertencer aos maridos, enquanto as mulheres apenas reivindicam a sua utilização. Dependendo da estrutura dos acordos matrimoniais, as mulheres podem perder o seu acesso à terra que anteriormente era propriedade do casamento. De acordo com o relatório, este facto limita a capacidade das aspirantes a empresárias de utilizarem as suas propriedades como garantia para empréstimos. Assim, as mulheres dispõem de um capital financeiro limitado para iniciar a atividade e crescer.

Os desafios persistem mesmo para as empresárias que já entraram no mercado de trabalho informal. Muitas destas mulheres e das suas empresas não estão registadas formalmente e funcionam fora da proteção das leis e da regulamentação, pelo que carecem de proteção social básica e de representação. Faltam disposições básicas de saúde, normas de segurança, proteção dos direitos dos trabalhadores e proteção do ambiente natural (OIT, 2014).

O desafio para os intervenientes que apoiam o desenvolvimento do empreendedorismo das mulheres é trabalhar no sentido de eliminar os obstáculos à entrada no sector e reforçar aqueles que já estão envolvidos no empreendedorismo. Para aumentar o número e o sucesso das mulheres empresárias, será necessário melhorar o acesso a recursos financeiros e não financeiros, eliminando as barreiras institucionais baseadas no género e as restrições culturais, regulamentares e jurídicas (OIT, 2014).

O estudo refere ainda que, mesmo quando prevalecem políticas de apoio à igualdade entre homens e mulheres, continua a não existir uma ligação forte com as políticas comerciais macroeconómicas que podem apoiar o desenvolvimento do espírito empresarial das mulheres. As políticas macroeconómicas centram-se na criação de um ambiente macroeconómico estável, numa economia competitiva e na disponibilização de redes internacionais para apoiar o sector privado. Os governos nacionais têm prestado pouca atenção ao sector informal, onde opera a maioria das mulheres empresárias e que deveria merecer a máxima prioridade.

2.3.2 Finanças

No que diz respeito às finanças, as mulheres têm menos acesso a serviços financeiros do que os seus homólogos masculinos, o que inclui contas correntes e de poupança e créditos formais. (IFC , 2011)

2.3.3 Constrangimentos ao crescimento

Depois de entrarem no sector empresarial informal, as mulheres empresárias enfrentam desafios peculiares que são diferentes dos enfrentados pelos homens, porque operam em sectores e locais diferentes e têm acesso, controlo e utilização de recursos desiguais (ICRW, 2001). Alguns dos constrangimentos identificados no estudo são o marketing (encontrar procura, clientes, ligações comerciais, adaptabilidade do produto ou serviço), os factores de produção (fornecimento, incluindo o acesso a matérias-primas, fornecimentos e equipamento), transportes acessíveis e económicos, acesso a instalações e infra-estruturas empresariais e falta de redes formais que possam aumentar as suas oportunidades de produção ou comercialização. Além disso, as mulheres colocam a família em primeiro lugar e, por conseguinte, evitam os riscos. Estão também concentradas em sectores de menor valor acrescentado, como a produção alimentar e a costura. Estes são os resultados da política, do ambiente jurídico e dos constrangimentos culturais mencionados na secção anterior (ICRW, 2001).

2.4 História e desenvolvimento dos Serviços de Desenvolvimento Empresarial

Com o reconhecimento da feminização da pobreza na última década, a prestação de serviços financeiros às mulheres através de esquemas de poupança e crédito tornou-se popular (ICRW, 2001).

O estudo refere que a prestação de serviços de desenvolvimento empresarial (BDS)[1] se tornou uma estratégia de apoio às mulheres empresárias. Foi oferecida uma série de serviços, incluindo serviços não financeiros, para ajudar à entrada, produtividade, sobrevivência, competitividade e crescimento das empresas lideradas por mulheres. Além disso, o relatório refere que o apoio dos doadores, que remonta à década de 1970, incluía apoio não financeiro. Entre estes contam-se a formação, a transferência de tecnologia, a assistência à comercialização, o aconselhamento empresarial e a tutoria, que foram prestados juntamente com o apoio financeiro. O relatório assinala que as anteriores concepções para alcançar este objetivo fracassaram devido ao seu conteúdo genérico e normalizado, a uma abordagem orientada para a oferta, a uma atenção inadequada à qualidade dos formadores e aos métodos de formação, bem como a um

[1] O BDS consiste numa vasta gama de serviços não financeiros essenciais para a entrada, sobrevivência, produtividade, competitividade e crescimento das micro e pequenas empresas

acompanhamento insuficiente.

O relatório refere que, em meados da década de 1980, se verificou uma diversificação dos serviços e uma consciencialização crescente da necessidade de os serviços serem orientados para a procura.

2.4.1 Níveis de serviços

As conclusões do ICRW dividem o nível de intervenção em três: empresarial (micro), intermédio (meso) e macro. Os serviços prestados a nível empresarial, como o marketing, a contabilidade, o acesso jurídico e tecnológico, foram produtivos. Os serviços de desenvolvimento empresarial prestados a nível intermédio são o reforço das capacidades das instituições intermediárias para a aplicação de uma metodologia de formação para pequenas e microempresas. As intervenções a nível macroeconómico consistem na criação de um ambiente político favorável e na melhoria do quadro jurídico e regulamentar.

2.4.2 Âmbito do serviço

O estudo observou ainda que o BDS pode ser uma intervenção única com uma abordagem apenas de formação, marketing ou tecnologia ou intervenções múltiplas em que são fornecidos serviços integrados ligados ao programa de microfinanciamento.

2.4.3 Foco estratégico dos serviços

O estudo faz uma distinção entre várias abordagens ao BDS. Quando o foco dos programas é direcionado apenas para a geração de renda, a lógica por trás é o bem-estar e o alívio da pobreza. Esta abordagem aumenta o rendimento dos participantes no programa alvo, mas só tem sucesso a curto prazo. É referida como orientada para a oferta. Esta abordagem é paternalista em relação à tomada de decisões e à participação das mulheres, ao passo que o serviço BDS orientado para a procura pode ter um impacto positivo e duradouro na vida das mulheres. Esta abordagem preocupa-se com a eficiência.

2.5 Lições aprendidas no BDS: literatura sobre o crescimento das empresas de mulheres

Foi no início dos anos 90 que foram desenvolvidos princípios orientadores para os intermediários de microfinanciamento (ICRW, 2001). Nos últimos anos, foram desenvolvidos alguns indicadores para medir o desempenho do BDS. Estes indicadores são a escala, o alcance, o impacto, a relação custo-eficácia e a sustentabilidade. Foram também desenvolvidos princípios de boas práticas para orientar o crescimento do BDS: orientado para a procura, relevante, participativo e recuperável em termos de custos. O estudo refere que a organização económica entre as mulheres que são microempresárias é necessária para o crescimento do negócio. Isto porque as mulheres que vivem na pobreza não dispõem de recursos financeiros suficientes. Por conseguinte, a união do seu trabalho e do seu dinheiro criará as garantias necessárias para os empréstimos. O grupo funciona como uma garantia mútua; serve como uma saída para obter um maior acesso aos mercados.

2.6 Revisão da literatura sobre teorias

Desde os anos 50, surgiram várias teorias de desenvolvimento sobre as mulheres. Várias feministas e pensadores do desenvolvimento defendem que a interação entre o feminismo e o desenvolvimento evoluiu para 5 formas: Mulheres no Desenvolvimento (WID), Mulheres e Desenvolvimento (WAD), Género e Desenvolvimento (GAD), Mulheres, Ambiente e Desenvolvimento (WED), Pós-Modernismo e Desenvolvimento (PAD) (Peet & Hartwick, 1999).

Os profissionais do desenvolvimento utilizam cada vez mais quadros teóricos para ajudar a compreender as questões e as relações que afectam a vida das mulheres e dos homens (Oxfam, 1999). [2] As estruturas de análise de género foram também desenvolvidas por diferentes instituições/teóricos que estudam o género para analisar projectos, programas e abordagens. A publicação da Oxfam enumera os seis quadros de análise de género;

- o Quadro de Harvard
- o quadro orientado para as pessoas,
- Estrutura Moser
- Matriz de análise de género
- Quadro de análise das capacidades e vulnerabilidades
- Enquadramento do empoderamento das mulheres (longwe) e abordagem das relações

[2] É um instrumento das ciências sociais utilizado para identificar, compreender e explicar as diferenças entre homens e mulheres que existem nos agregados familiares, nas comunidades e nos países. Também é utilizada para identificar a relevância das normas de género e das relações de poder num contexto específico (por exemplo, país, geográfico, cultural, institucional, económico, etc.). Examina o acesso diferencial a bens, recursos e oportunidades por parte de homens e mulheres, a influência das normas e papéis de género na divisão do tempo entre trabalho remunerado e não remunerado, papéis de liderança e tomada de decisões, potenciais impactos diferenciados das políticas e programas de desenvolvimento sobre homens e mulheres. (USAID ADS 205)

sociais.

A teoria de Moser e as teorias do quadro analítico de Harvard têm sido habitualmente utilizadas para a análise do género.

Este documento utilizará a teoria de Moser para analisar a eficácia do WISE, um estudo de caso de uma organização sem fins lucrativos. A escolha deste método deve-se ao facto de muitos utilizadores o considerarem acessível, de fácil aplicação e que fala aos planeadores nas suas próprias línguas. Também foi referido como um desafio à desigualdade e foi considerado um instrumento poderoso para analisar as necessidades práticas e estratégicas em matéria de género (Oxfam, 1999).

2.6.1 Quadro Moser

A teoria do Género e Desenvolvimento (GAD) surgiu após a Abordagem das Mulheres no Desenvolvimento (WID), que foi popular na década de 1970. A Teoria do Género e Desenvolvimento defendeu uma abordagem integrada para o trabalho de desenvolvimento, centrada nas relações de poder entre homens e mulheres, em oposição à WID, que defendia o tratamento das questões das mulheres como uma questão separada (Oxfam, 1999).

Caroline Moser, da Universidade de Londres, desenvolveu uma ferramenta de análise de género na década de 1980 que se enquadra na abordagem GAD. Assim, o objetivo do quadro que foi desenvolvido é a "emancipação das mulheres da sua subordinação e a conquista da igualdade, da equidade e da capacitação".

A ferramenta de análise de género de Moser é resumida no guia da Oxfam da seguinte forma.

Moser Ferramenta 1: Identificação do papel de género/papel triplo

O triplo papel das mulheres com baixos rendimentos é resumido em trabalho produtivo (produção de bens e serviços para consumo e comércio, obtidos através do emprego ou do autoemprego), trabalho reprodutivo (cuidados e manutenção do agregado familiar e dos seus membros) e trabalho comunitário (actividades de gestão da comunidade, que é trabalho voluntário e não remunerado).

Ferramenta Moser 2: Avaliação das necessidades de género

São identificados dois tipos de necessidades de género: as necessidades práticas e as necessidades estratégicas. As necessidades práticas de género são a satisfação de necessidades imediatas, necessidades que resultam de condições de vida inadequadas. Exemplos de intervenções incluem o fornecimento de água, cuidados de saúde e rendimentos. A satisfação destas necessidades não alterará a divisão do trabalho que prevalece e, por conseguinte, a posição das mulheres. As necessidades estratégicas de género são aquelas que, se forem satisfeitas, alterarão a divisão do trabalho entre os sexos e, consequentemente, a posição subordinada das mulheres, os desequilíbrios de poder, os direitos legais, a violência doméstica, a desigualdade de salários e o controlo das mulheres sobre os seus corpos. As intervenções incluem desafios à divisão do trabalho em função do género, alívio do trabalho doméstico e dos cuidados infantis, eliminação de leis e sistemas jurídicos discriminatórios, prestação de serviços de saúde reprodutiva e medidas contra a violência masculina.

Ferramenta Moser 3: Controlo dos recursos e tomada de decisões no agregado familiar

Esta ferramenta analisa quem tem o poder de decisão e, por conseguinte, exerce o controlo sobre os recursos do agregado familiar.

Ferramenta Moser 4: Planeamento e equilíbrio da função a tripla função

Este aspeto analisa se um programa ou projeto aumenta a carga de trabalho das mulheres numa função à custa de outra função.

Ferramenta Moser 5: Distinguir entre diferentes objectivos nas intervenções: o WID/GAD Matriz de políticas

Isto incentiva os utilizadores a distinguir a forma como as abordagens ajudam a transformar a posição subordinada das mulheres, perguntando até que ponto as necessidades práticas e estratégicas das mulheres estão a ser satisfeitas. Os diferentes métodos de planeamento de políticas que têm sido utilizados no planeamento do desenvolvimento desde a década de 1950 são resumidos como a abordagem do bem-estar, a equidade, a luta contra a pobreza, a eficiência e a abordagem da capacitação.

Ferramenta Moser 6: Envolver as mulheres e as organizações e planeadores conscientes do género no planeamento:

Isto incentiva os planeadores a envolverem organizações e mulheres sensibilizadas para a questão do género na sua análise e a incorporarem as necessidades práticas e estratégicas do género na definição dos objectivos das intervenções.

Capítulo 3

III. CONCLUSÕES

Estudo de caso: Mulheres no autoemprego (WISE)

A organização Women in Self Employment (WISE) foi selecionada para um estudo de caso devido aos seguintes critérios.

- A organização tem 15 anos de experiência e trabalhou para a capacitação económica de 28 000 mulheres em Adis Abeba
- O WISE ganhou a confiança e tem uma boa reputação entre as diferentes partes interessadas, incluindo o governo, a comunidade e o sector privado. Até à data, a WISE já trabalhou com 146 organizações não governamentais, governamentais, comunitárias e privadas. O WISE foi galardoado com muitos prémios por grandes realizações e excelência. Alguns dos prémios que recebeu incluem o prémio do grupo Ethio-Sudan, o prémio do World Bank Development Marketplace em 2003 por ideias inovadoras, o prémio de primeira categoria do Consortium of Christian Relief and Development Association (CCRDA) em 2007 pelo seu excelente trabalho com organizações de base comunitária e outras organizações sem fins lucrativos centradas nas mulheres
- A união das cooperativas de poupança e crédito (SACCO) WISE recebeu um prémio da administração da cidade de Adis Abeba pelo seu trabalho de excelência na redução da pobreza, beneficiando particularmente as mulheres e raparigas pobres.
- A Diretora Executiva Tsigie Haile foi recentemente nomeada pela Embaixada dos EUA na Etiópia para o Prémio Internacional Mulheres de Coragem. Foi também mencionada no livro "Temsalet:-Phenomenal Ethiopian Women" como uma das 64 mulheres etíopes de sucesso.

3.1 Antecedentes

A organização Women in Self Help (WISE), criada em 1998, tem como missão "criar uma nação em que as mulheres tenham poder económico e a pobreza absoluta seja erradicada" (WISE.org). A WISE dirige-se a mulheres e raparigas pobres, que trabalham por conta própria, desempregadas e que têm a ambição de se tornarem empresárias, bem como àquelas que já estão envolvidas em pequenas empresas.

A missão e os objectivos da organização são implementados através das seguintes estratégias, de acordo com o plano estratégico 2010-2014 (WISE.org).

1. Desenvolvimento de organizações e instituições: criação e reforço das capacidades de organizações de base comunitária, incluindo cooperativas de poupança e de crédito, cooperativas de produtores, grupos comerciais, Yetena Idir (seguro de saúde) e grupos de mercado que possam proporcionar meios de subsistência sustentáveis, serviços e servir de meio de capacitação económica e social para os seus membros.
2. Desenvolvimento empresarial: prestação de informações e serviços aos membros para desenvolvimento da sua empresa. Os quatro programas de formação do WISE são os seguintes.
    a. Formação em empreendedorismo/competências empresariais: Formação em competências empresariais básicas, gestão de empresas 1-3, pensamento criativo, formação em competências profissionais no domínio da limpeza, padaria, etc.
    b. Competências em matéria de liderança e gestão: esta ação é organizada para os membros eleitos e para os dirigentes dos grupos de gestão da poupança e do crédito e abrange o direito cooperativo
    c. Educação sanitária: saúde básica, saneamento, nutrição alimentar, VIH, primeiros socorros
    d. Auto-desenvolvimento: Competências para a vida para proporcionar às mulheres conhecimentos e competências em matéria de auto-confiança, acesso a informações importantes para a vida sobre temas como questões jurídicas, de saúde e empresariais
    e. Alfabetização e numeracia em casa: as crianças ensinam as suas mães que estão
    Os participantes no projeto WISE aprendem a ler e a escrever em casa e são recompensados quando passam o teste normalizado administrado pelo WISE. Um quarto dos participantes do programa WISE são analfabetos.
3. Parcerias estratégicas e de aprendizagem: criação de parcerias estratégicas com pessoas que partilham

os mesmos objectivos

organizações através da formação de formadores para o pessoal e membros selecionados, da orientação e da partilha de experiências. Outras actividades são a produção de publicações e a investigação.

3.2 Diretrizes de implementação

- Inclusão (envolver os grupos-alvo, os seus cônjuges, famílias e a comunidade no programa. Diversificação dos grupos-alvo, incluindo mulheres com deficiência, mulheres com VIH/SIDA, mulheres analfabetas, agregados familiares chefiados por mulheres e mulheres mendigas)
- Aprendizagem e partilha: aprender com os outros e partilhar boas práticas
- Sustentabilidade: manter os programas através do reforço das capacidades, da partilha de custos e da

liderança

desenvolvimento e geração de rendimentos do consórcio de cúpula das SACCOs

- Parcerias: Colaboração e trabalho em rede com diferentes organizações e participação em redes e fóruns para promover a aprendizagem e a replicação do programa do WISE.
- Abordagem integrada e holística: Abordagem de questões críticas de desenvolvimento do grupo-alvo para garantir o empoderamento holístico das mulheres.

3.3 Desafios das mulheres empreendedoras urbanas no sector informal

Quando questionada sobre os desafios que as mulheres empresárias do sector informal urbano enfrentam para expandir o seu negócio, Tsegie Haile, que é a Diretora Executiva da WISE, menciona os seguintes pontos-chave

As instalações de produção e comercialização constituem um grande desafio para as mulheres. As áreas prioritárias do governo e o pré-requisito de poupar e pedir emprestado ao Instituto de Poupança e Crédito de Addis, afiliado ao governo, desafiam a escolha das mulheres de fornecedores de serviços comerciais e financeiros.

O **medo de empréstimos** entre algumas mulheres-alvo também é um desafio. Embora as SACCOs e a União ofereçam empréstimos até 300.000 Birr, poucos membros aproveitam a oportunidade. Quando lhes perguntam porque é que não pedem dinheiro emprestado, elas dizem que têm medo dos empréstimos. Para as empresas de mulheres em rápido crescimento que necessitam de mais de 300.000 Birr, não **há muito por aí**. Embora o Enat Bank (um banco de mulheres) tente dar acesso ao crédito, poucas conhecem os procedimentos e as garantias são uma questão crítica.

Em terceiro lugar, parte-se do princípio de que existem políticas favoráveis às mulheres. No entanto, quando se trata da prática, muito pouco acontece. Por exemplo, a WISE tentou enviar algumas artesãs para a Índia para exporem e venderem os seus produtos. **Não havia qualquer apoio ou política especial** a que estas mulheres pudessem recorrer. Tiveram de seguir os procedimentos normais e cumprir a política habitual. Então, onde é que ela está? Nem mesmo o Ministério da Mulher pôde fazer nada.

As questões relacionadas com o género continuam a prevalecer e a afetar o desempenho das mulheres nas empresas. De acordo com a nossa experiência, muitos cônjuges opõem-se à participação das suas mulheres no WISE - formação e empréstimos. Por isso, muitas mulheres fazem-no em segredo. Quando se apercebem da melhoria das condições do seu agregado familiar, os maridos deixam de se opor à participação e podem apoiar ativamente as suas mulheres.

No entanto, à medida que as mulheres continuam a progredir nas suas actividades económicas e se tornam mais capacitadas/transformadas, alguns maridos criam conflitos. Esta situação verificou-se com algumas mulheres que exercem actividades económicas em rápido crescimento. As tarefas domésticas e a educação dos filhos são uma tarefa exigente. A partilha do poder não é uma tarefa fácil. As atitudes não são fáceis de mudar. A cultura também não desaparece facilmente.

Os baixos níveis de educação e o analfabetismo de muitas pessoas também constituem desafios para o progresso económico das mulheres. 20-25% das nossas mulheres não sabem ler nem escrever. Mesmo aquelas que atingiram o ensino básico não sabem ler e escrever. Por conseguinte, não são capazes de utilizar as tecnologias da informação e de se desenvolverem tão rapidamente como as que possuem uma educação formal. As mulheres microempresárias com baixos níveis de instrução e de rendimento não participam suficientemente em organizações associativas como a Associação de Mulheres Empresárias da Etiópia ou a Câmara de Comércio, uma vez que estes espaços se destinam a empresárias com formação académica e de nível superior. Tentámos estabelecer contacto com elas e algumas mulheres participaram numa reunião da Associação. Voltaram e disseram-me: "Este não é um espaço para nós porque os participantes falam maioritariamente em inglês ou utilizam muitas palavras em inglês. Devíamos ter o nosso próprio espaço".

O WISE realizou recentemente um inquérito de base sobre as participantes no seu programa, recolhendo uma amostra de 439 mulheres que vivem em 11 distritos, a fim de obter informações pormenorizadas sobre as participantes no programa. A maioria das participantes do programa WISE tem entre 20 e 30 anos (35%) e 25% delas são analfabetas. No que diz respeito aos rendimentos mensais, 20% das inquiridas ganham menos de 10 dólares por mês e apenas 1% ganha mais de 75 dólares. Quando questionados sobre o trabalho e as responsabilidades domésticas, 79% dos inquiridos dizem que são eles próprios que fazem as tarefas domésticas. Quando questionados sobre a fonte de empréstimos para o seu comércio, 52% disseram que pediram empréstimos a uma organização de microfinanças que não a WISE, seguidos por indivíduos e familiares que representaram 18%. Nas questões relacionadas com os problemas que enfrentam na sua atividade e com o que precisam para aumentar os seus rendimentos, a necessidade de dinheiro, espaço, saúde e conhecimentos foi a mais votada. Quando questionados sobre a sua opinião relativamente às diferentes posições dos homens e das mulheres na sociedade, os inquiridos atribuíram uma classificação elevada a factores como a cultura e a falta de sensibilização.

3.4 Realizações/impactos

Acesso a finanças criado: permitiu que os seus membros tivessem inclusão financeira para a autossuficiência e melhoria das condições de vida (WISE. Org). - 28.000 membros e 850 tecelões puderam iniciar ou desenvolver as suas microempresas, com empréstimos de 140 milhões de birr (7 milhões de dólares) desembolsados até à data e 40 milhões de birr mobilizados como poupanças.

O modelo cooperativo: mais de 88 milhões de Birr (4 milhões de dólares) foram emprestados nos últimos 15 anos através das cooperativas de poupança e da União para financiar os membros do grupo-alvo que estão a iniciar novos negócios ou a aumentar os seus pequenos negócios. Mais de 27 milhões de Birr ($1.350.000) foram mobilizados como poupanças dos membros. Os empréstimos que foram contraídos pelos membros foram utilizados para cobrir pagamentos de habitações ou condomínios subsidiados pelo governo, construção e renovação das suas casas e pagamento das propinas escolares dos filhos. Também são fornecidos micro seguros para empréstimos e saúde (WISE. Org). As mulheres que contraem empréstimos estão ligadas a serviços de seguros e recebem cobertura para a morte de um membro ou do seu cônjuge, licença de maternidade e outras questões relacionadas com a saúde, com base no acordo (WISE.org).

Aumento da participação das mulheres em posições de liderança: a formação em liderança da WISE aumentou a participação das mulheres na tomada de decisões nas unidades administrativas da administração local. Os membros da cooperativa aumentaram o seu poder de negociação com as partes interessadas, como os organismos governamentais, para aceder a recursos que eram inacessíveis (WISE. Org)

Investimento no desenvolvimento de capacidades: O WISE investe no reforço das capacidades organizacionais humanas em termos de recursos humanos, conhecimentos técnicos e infra-estruturas de construção.

Para melhorar as competências dos seus formadores e facilitadores, são organizadas acções de formação para adultos.

Atualmente, a WISE conta com mais de 100 membros do seu pessoal; as mulheres representam 85% da força de trabalho.

A WISE revê e desenvolve continuamente novos materiais de formação. É uma das poucas organizações sem fins lucrativos na Etiópia que tem as suas próprias instalações: dois edifícios de três andares construídos com a contribuição das SACCO, da União, dos membros e do pessoal. É utilizado para escritórios, formações e um centro de exposição/venda de produtos que ajuda a gerar rendimentos para a organização.

Parcerias com organizações locais, regionais e internacionais: A nível local, a WISE é membro de consórcios e organizações de cúpula. Foram realizadas formações para 32 organizações etíopes para replicar os programas de poupança, crédito e micro seguros com outras organizações centradas nas mulheres que trabalham nas diferentes regiões da Etiópia.

Em resumo, a abordagem da WISE pode ser reflectida na apresentação gráfica da OIT sobre a intervenção de Desenvolvimento do Empreendedorismo das Mulheres, que se segue. A sua abordagem programática incorpora a maior parte destas cinco áreas de intervenção, com exceção do trabalho sobre o ambiente favorável/intervenção política, devido à lei das instituições de caridade e das sociedades civis recentemente promulgada em 2009. A lei das OSC proíbe as organizações que geram mais de 90% do seu rendimento a partir de fontes estrangeiras de se envolverem em qualquer defesa de políticas.

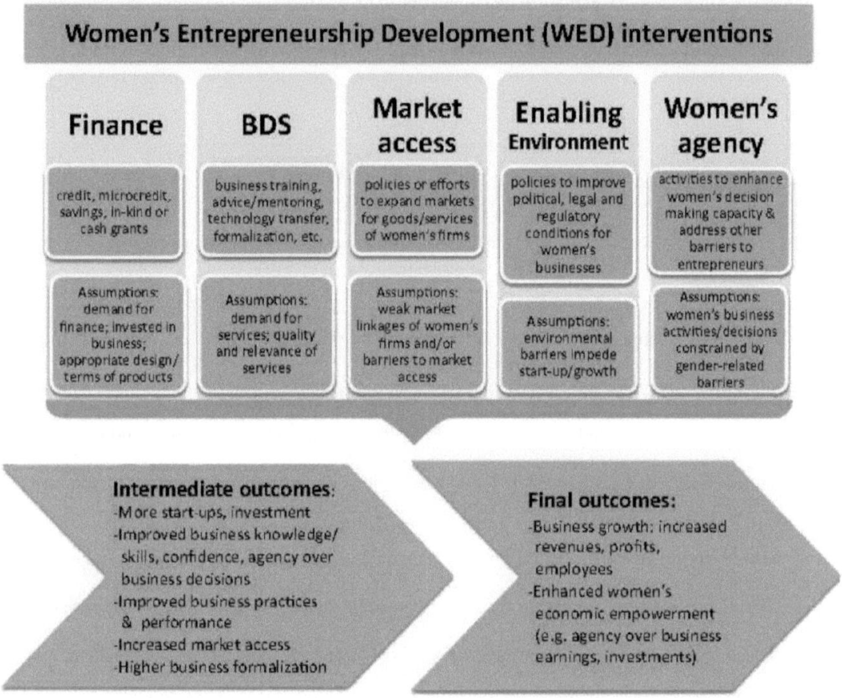

Source: (ILO, 2014)

3.5 Factores de eficácia

avaliamos o que funcionou bem e o que não funcionou. Também testamos novas formas de fazer as coisas. Foi assim que criámos o nosso regime de micro-pensões Health Iddir[3] , que é único. A organização esforça-se por ter pessoal orientado para a missão e para os valores. Estes funcionários olham para os resultados finais do trabalho que fazem, ou seja, contribuem para a capacitação das mulheres visadas. Felizmente, a maior parte do pessoal é assim, se não todos. Somos orientados por um plano estratégico. Atualmente, temos o nosso terceiro plano estratégico que orienta o nosso percurso. Não aceitamos subsídios ou ofertas que não estejam de acordo com a nossa direção e intervenções definidas. Também olhamos para a sustentabilidade da organização a longo prazo. Temos agora uma unidade de negócio que gera receitas para o nosso trabalho. A WISE está pronta para aprender e incorpora a aprendizagem no seu trabalho para garantir que os nossos

[3] Organização tradicional baseada na comunidade, normalmente organizada para enterros, em que os membros fazem contribuições mensais. Idir de saúde - os membros fazem contribuições como um esquema de seguro.

programas são holísticos, realizamos monitorização e avaliação regulares e reflectimos sobre os desafios, o que funcionou e o que não funcionou

Programa e abordagem: Implementamos um programa específico, ou seja, o programa económico das mulheres

capacitação. O que garantimos é um serviço holístico de desenvolvimento empresarial (BDS). Tudo o que fazemos, por exemplo, actividades de saúde ou de alfabetização e numeracia, deve contribuir para a capacitação económica das mulheres. Assim, todos os nossos esforços são concentrados no objetivo global. Foi assim que conseguimos trazer sucesso às nossas mulheres, bem como à nossa organização. A nossa abordagem promove a autossuficiência e a utilização dos seus próprios activos (abordagem de desenvolvimento baseada em activos). Isto evita um sentimento de dependência e aumenta a capacidade das mulheres para utilizarem o seu potencial. A abordagem SACCO (Cooperativa de Poupança e Crédito) é fundamental para o acesso a serviços financeiros. Estas concedem empréstimos sem garantias (a nossa garantia é a pressão dos pares). A intervenção no domínio da literacia e da numeracia, o microsseguro, a micropensão, a formação em competências de vida, a formação em competências empresariais e a formação em liderança visam a capacitação holística das mulheres. Acima de tudo, como provado pelo sucesso

No estudo, mais de 90% dos inquiridos confirmaram que o seu sucesso se deve à formação que receberam. Em segundo lugar, o acompanhamento e o apoio do pessoal e, em terceiro, o serviço de empréstimos.

Liderança: Acreditamos que a liderança é essencial para o desempenho de uma organização. O empenho, a visão e a natureza orientada para a missão dos líderes é um fator crítico. Naturalmente, a capacidade de liderar eficazmente, de dar orientações e desenvolver o pessoal, é também um fator. Os líderes tentam ser exemplares na vivência da cultura e dos valores da Organização.

Além disso, as mulheres participantes no programa fazem parte da governação e da liderança da organização, pelo que existe um sentimento de apropriação do programa. O WISE pertence às mulheres.

Apoio financeiro e reforço das capacidades: Outro fator para o nosso sucesso é o apoio financeiro que recebemos, especialmente nos primeiros anos de vida do WISE. A Action Aid Ethiopia cobriu tudo o que queríamos e nós concentrámo-nos na melhoria e desenvolvimento do programa. Após 5 anos com apenas um parceiro de financiamento, a Concern contactou-nos para sermos seus parceiros. Depois, apareceram outros como a OIT, o Instituto Coady e o Instituto de Educação Internacional (IIE Ethiopia).

Quando questionada sobre o impacto da mudança organizacional no trabalho que a WISE realiza no terreno numa das formações, respondeu: "Em cada interação com os nossos clientes, transmitimos a nossa perspetiva alargada e uma compreensão mais profunda do conceito de igualdade. Somos identificados pelo governo como uma organização que trabalha para a capacitação económica, mas na verdade estamos a trabalhar para a mudança em todos os aspectos da vida das mulheres e das relações de género".

Capítulo 4

IV. ANÁLISE DOS RESULTADOS

As secções seguintes analisarão o modelo do WISE através do quadro teórico de Moser, do estudo da OIT sobre intervenções eficazes e do estudo da ICRW sobre serviços de desenvolvimento empresarial

4.1 Triplo papel das mulheres

A abordagem estratégica global do WISE reconhece o triplo papel das mulheres: o papel reprodutivo, produtivo e comunitário. Um inquérito de base e uma análise dos instrumentos de monitorização e avaliação do desempenho recolheram dados sobre o trabalho não remunerado. O planeamento do projeto do WISE baseia-se na constatação do triplo papel das mulheres; as formações são organizadas de modo a adaptarem-se ao tempo e ao horário de trabalho das mulheres, para que não prejudiquem os outros papéis que desempenham. A maioria das formações do WISE é organizada e ministrada em 10 meios dias.

4.2 Resposta às necessidades práticas e estratégicas das mulheres

Tal como referido no inquérito, 25% das mulheres beneficiárias do WISE são analfabetas. Os programas de literacia e numeracia baseados nos resultados, concebidos para as mulheres analfabetas que se dedicam ao comércio, são realizados nas suas próprias casas e são ensinados pelos seus próprios filhos. Este é outro exemplo de uma intervenção que responde às necessidades estratégicas das mulheres. A sua execução está consciente das limitações de tempo que as mulheres têm para participar em tais actividades de formação. A melhoria do nível de escolaridade é uma resposta às necessidades estratégicas das mulheres que aumenta as suas hipóteses de aceder a oportunidades de formação e que as torna mais bem equipadas para acompanhar a eficiência e a rentabilidade das suas empresas.

Um estudo de avaliação dos progressos de um dos seus projectos, cujo objetivo pretendido é reforçar a liderança das mulheres para a redução da pobreza na Etiópia através de duas abordagens: trabalhando com grupos de mulheres para desenvolver a liderança e as capacidades empresariais, facilitando o acesso a formações (competências empresariais, competências para a vida, liderança e gestão) e através do reforço organizacional.

Um estudo de acompanhamento do projeto concluiu que a formação em liderança resultou em práticas de partilha de poder e de tomada de decisões a nível do agregado familiar, aceitação de diferenças religiosas e culturais, garantia de um percurso profissional e ênfase na educação das crianças, combatendo assim a pobreza intergeracional, influenciando os membros da família através de uma visão, alcançando a partilha de poder e a tomada de decisões a nível do agregado familiar. A melhoria da voz e da representação nas estruturas de tomada de decisão da comunidade foram outros resultados observados (WISE.org). Aqueles que já participavam nas estruturas comunitárias relataram ter sido eleitos para cargos de presidente/vice-presidente, juiz e membros do comité de projectos geradores de rendimentos depois de receberem formação do WISE. Também trabalhavam com a ala política da aldeia, como membros do comité de jovens da aldeia, no comité de desenvolvimento e em associações comunitárias de mulheres (Idir). O estudo sobre a extensão e a qualidade da participação da liderança e da tomada de decisões nas estruturas comunitárias, no entanto, constatou que ainda é um trabalho em curso. Muitas vezes, não havia mulheres influentes que pudessem trazer as questões das mulheres para a mesa para provocar mudanças críticas. A citação que se segue foi retirada do estudo efectuado pela WISE como exemplo de como foi alcançado um melhor papel de liderança e estatuto de tomada de decisões a nível do agregado familiar e da comunidade.

"O meu marido é membro de uma associação religiosa ('Medihanealem Tsewa') e os cônjuges participam nas festas. Temos estado a gastar muito para a festa. Entre os cônjuges havia cinco membros da SACCO. Eu fiz lobby com estas senhoras. Convencemos os nossos maridos e reduzimos o custo da festa.

festa. Começámos a utilizar o dinheiro extra para nos ajudarmos uns aos outros em situações de emergência ou quando

alguém fica doente (29: Casado, 24 anos)"

"Pensei em divorciar-me porque estava sempre a chatear o meu marido. Depois da formação, tornei-me uma repórter da família e partilhava sempre o que aprendia. Apercebi-me que o meu marido mudou para melhor depois das minhas mudanças devido à formação. Agora, ele admitiu e disse: 'tu sabes isto.

Tu podes decidir" (029: Casado, 24 anos)".

"Sou o presidente da cafetaria do Grupo e preocupei-me como uma empresa privada. O refeitório, que esteve fraco durante muito tempo, foi reforçado e os dividendos foram partilhados entre membros foi facilitado pela primeira vez (22: Casado, 50 anos)"

A promoção da liderança das mulheres e da tomada de decisões é uma abordagem que responde às necessidades estratégicas das mulheres. Enquanto as formações e a acessibilidade dos recursos financeiros através do programa de empréstimos respondem às necessidades práticas das mulheres, disponibilizando recursos para satisfazer as necessidades imediatas de sobrevivência, as intervenções destinadas a trazer as mulheres para as mesas de tomada de decisões têm o potencial de mudar a posição das mulheres em casa e na comunidade, mudar os valores sociais, as percepções sobre o género e, assim, responder às necessidades estratégicas das mulheres. Por outras palavras, embora a WISE considere a sua abordagem holística, é equivalente ao apelo de Moser para que se preste atenção às necessidades práticas/estratégicas das mulheres.

Mas esses programas de reforço da liderança exigem um investimento prolongado e várias outras estratégias. O estudo observou ainda que, mesmo quando os programas são oferecidos e apelam para que as mulheres aproveitem a oportunidade, elas muitas vezes evitam participar em funções de liderança devido ao peso das responsabilidades familiares. Estas mulheres são chefes de família ou, mesmo quando casadas, os seus cônjuges não têm rendimentos suficientes ou têm complicações de saúde. Se têm filhos, estes ainda não estão em idade produtiva ou estão em idade produtiva e desempregados. Estas mulheres estão a tentar sobreviver e estão longe de serem eleitas para liderar as estruturas comunitárias (WISE.org).

"Estou ocupado com os meus assuntos pessoais e prefiro não ser eleito. Na medida em que não há obrigação, direi que não tenho capacidade para ser eleito (007: Casado, 27 anos)".

"Estou a mudar frequentemente de residência devido ao elevado aluguer da casa. Ainda nem sequer sou membro de um idir ou de uma associação de mulheres, quanto mais ser eleita (021: viúva, 30 anos)"

Os resultados mencionam que isto reflecte o isolamento e a menor integração com a comunidade devido à elevada mobilidade causada pela pobreza. Outras razões pelas quais as mulheres se afastam dos papéis de liderança mencionadas nas conclusões do estudo são a baixa capacidade educacional e a baixa auto-confiança. O estudo também refere que as mulheres que conseguiram chegar à fase de participação e que faziam parte da tomada de decisões nas estruturas comunitárias não tinham mulheres líderes excepcionais que colocassem a agenda das mulheres em primeiro lugar e tivessem impacto na tomada de decisões (WISE.org). A resposta às necessidades estratégicas das mulheres exige um esforço conjunto de outros actores para provocar uma mudança sistémica.

4.3 Factores de sucesso: Formação, acompanhamento, empréstimo

Uma avaliação da taxa de sucesso foi realizada por um investigador e os resultados incluídos num documento intitulado "A Study on Organization for Women in Self Employment's (WISE'S) Success Rate and Factors Contributing to Success" (Retta, 2012).

Analisando os resultados da avaliação, a conclusão geral do Retta 2012 é que 82% das mulheres afirmaram que são bem sucedidas depois de utilizarem os serviços do WISE. Esta taxa de sucesso é uma média ponderada dos indicadores de sucesso medidos através de um aumento do rendimento, da capacidade de cobrir as despesas médicas da família, da capacidade de cobrir os custos de educação dos filhos, da capacidade de poupar mais de 10% do seu rendimento, da capacidade de continuar o seu negócio mesmo quando o apoio do WISE cessa, da capacidade de reembolsar atempadamente o montante adequado do empréstimo, de uma maior sensibilização e de uma mudança de comportamento em relação às práticas tradicionais nocivas (HTP), de uma maior sensibilização e de uma mudança de comportamento em relação ao VIH/SIDA, de uma maior sensibilização e de uma mudança de atitude em relação à saúde da família.

As conclusões de Retta mostram que os factores de sucesso são a formação, que ocupa o primeiro lugar, a monitorização e o acompanhamento, em segundo lugar, e, por último, os empréstimos obtidos junto das SACCO. O estudo da OIT sobre intervenções eficazes no desenvolvimento de mulheres empreendedoras também menciona que os factores que contribuem para o sucesso do crescimento das empresas das mulheres são a formação empresarial seguida de assistência técnica individualizada e de acompanhamento e aconselhamento e subsídios empresariais para os empresários existentes (OIT, 2014). Refere ainda que os programas de formação para mulheres devem ir ao encontro das necessidades, ser flexíveis nos horários de entrega e fornecer acompanhamento pós-formação.

4.3.1 Conceção da formação

O currículo de formação do WISE também foi concebido para satisfazer as necessidades das mulheres, tanto em termos de nível de educação como de experiência no mundo dos negócios. Os formadores/facilitadores têm experiência em técnicas de aprendizagem de adultos. Utilizam métodos de aprendizagem de adultos, incluindo dramatizações, contos populares, aprendizagem experimental, aprendizagem com os sentidos, jogos e exercícios específicos do contexto e relacionados com as suas experiências de vida quotidiana. O estudo de rastreio refere que os factores que facilitaram a mudança de atitude e de prática foram a atitude positiva e a ética de trabalho dos formadores, a atmosfera positiva do complexo, o espaço das aulas, os empréstimos, as histórias inspiradoras de mulheres bem sucedidas participantes no programa WISE, o empenho e o interesse dos formandos, os novos amigos que encontraram e os materiais de formação fornecidos no final da formação.

"O documentário de mulheres bem sucedidas, a revisão da formação BBS durante o dia da graduação e a cerimónia do dia da graduação acompanhada de cânticos trouxeram inspiração e são inesquecíveis. Ficámos loucas com a nova esperança e a dançar" (028: Divorciada, 35 anos). (WISE.org)

"Foi a troca de experiências que me levou a acreditar que posso mudar para melhor. As experiências trocadas entre nós dão-nos coragem, pois vemos que os problemas dos outros são mais graves do que o nosso "(001: Casado, 44 anos) (WISE.org)

"Os dramas e os exemplos estão diretamente relacionados com a nossa experiência de vida. Parece que o formador viu a nossa casa e as nossas condições de vida" (015: Casado, 40 anos).

Os próprios participantes referiram que as formações BBS lhes permitiram iniciar novos negócios, identificar os seus próprios activos e começar a utilizá-los para gerar rendimentos, aumentar a sua capacidade de contribuir para o rendimento do agregado familiar, iniciar poupanças, utilizar os recursos de forma mais sensata, aumentar os activos e renovar a sua casa.

"Comecei imediatamente um negócio de injera utilizando o pagamento do transporte da formação e algum dinheiro adicional. À noite, paralelamente ao fabrico de injera, dedicava-me à fiação de fio de algodão; vendia o fio e cobria as despesas de eletricidade e água; deixei de passar muito tempo no idir das mulheres (associação funerária tradicional) ou de ficar depois do funeral. Mesmo que o meu marido esteja acamado e não tenha uma pensão, estou a poupar cinco vezes mais do que os membros do meu grupo SACCO e assegurei uma equb mensal (poupança rotativa) (015: Casada, 40 anos).

"Estou a trabalhar há 8 anos. Perdi 17.000,00 Birr e não vejo qualquer crescimento no meu negócio Finalmente, compreendi o problema central da minha perda. Era o meu fraco conhecimento sobre poupança. Depois de receber a formação no WISE, consegui quatro poupanças diferentes (009: Viúva, 38 anos)"

4.4 Medidas de crescimento (indicadores diretos e indirectos)

O outro estudo utilizado para análise é o estudo do ICRW sobre serviços de desenvolvimento empresarial. O estudo sublinha que o crescimento das empresas pode ser medido por indicadores diretos e indirectos (ICRW, 2001). Indicadores diretos, tais como o aumento do rendimento líquido, o número de empregados e o aumento das quantidades de factores de produção adquiridos e de produtos e serviços vendidos. O controlo do rendimento é outro indicador direto que é específico do género. O estudo refere que muitos programas de microfinanciamento estão a utilizar cada vez mais o controlo sobre o rendimento para avaliar o impacto dos programas de microfinanciamento em todo o mundo. Observa ainda que os indicadores indirectos de crescimento das empresas são indicativos da atenuação dos constrangimentos que constituem barreiras ao crescimento das empresas das mulheres empresárias. O aumento do acesso a serviços formais e à informação capta os constrangimentos que muitas mulheres empresárias enfrentam.

O quadro seguinte, adaptado do estudo, será utilizado para comparar com os indicadores do WISE

e

analisar em que medida o WISE utiliza indicadores indirectos para medir o sucesso. A última coluna da direita assinala Sim/Não.

QUADRO 1.1. Indicadores de crescimento empresarial para mulheres microempresárias

Indicadores de crescimento das empresas	Tipo e nível de intervenção	WISE (S/N)
Aumentar o rendimento líquido de uma mulher cliente (direto)	Proporcionar alternativas às actividades tradicionais de produção, transformação e comercialização ` Aumentar a segurança do abastecimento de factores de produção (quantidade, preço acessível) ` Aumentar o número de potenciais clientes para as mulheres empresárias ` Aumentar o acesso aos pontos de venda ` Fornecer dispositivos de poupança de mão de obra relacionados com a produção ` Fornecer sistemas de controlo de qualidade para aumentar o valor ` Fornecer formação, assistência técnica relacionada com a integração horizontal ou vertical	Sim
Aumentar o controlo das mulheres sobre o rendimento (direto)	Apoiar actividades que resultem num maior controlo sobre o rendimento ` Envolver outros membros do agregado familiar na resolução do problema	Sim
Aumentar o acesso das mulheres aos serviços do sector formal (indireto)	Criar ligações entre as mulheres empresárias e as grandes instituições do sector privado que oferecem mercados e serviços	Sim
Aumento das competências de gestão das mulheres empresárias (indireto)	Fornecer formação em competências empresariais para ajudar a desenvolver capacidades empresariais	Sim
Aumentar o acesso das mulheres clientes aos serviços de informação e extensão (indireto)	Conceber/modificar o conteúdo das mensagens de extensão de modo a corresponder ao tempo, ao local e a outras necessidades da clientela feminina ` Formar o pessoal existente para chegar às mulheres de forma mais eficaz ` Ligar as actividades do projeto às actividades dos grupos de mulheres existentes	Sim
Aumentar o sentimento de autonomia da mulher (indireto)	Promover a formação de grupos com mulheres como líderes de grupo ` Promover interações entre mulheres e agentes do sector formal	Sim

Adaptado de Bennett e Goldberg. "Providing Enterprise Development and Financial Services to Women", Banco Mundial,

Documento Técnico 236, Washington, DC, 1993 citado em Esim, 2001 [ADICIONAR NÚMERO DA PÁGINA]

Como se pode verificar nas secções anteriores, o WISE utiliza sobretudo indicadores diretos. Os indicadores definidos pela organização, tais como o aumento do rendimento, a capacidade de cobrir as despesas médicas da família; a capacidade de cobrir os custos de educação dos filhos; a capacidade de poupar mais de 10% do seu rendimento; a capacidade de continuar o seu negócio mesmo quando o apoio do WISE cessa; a capacidade de reembolsar atempadamente o montante adequado do empréstimo; o aumento da sensibilização e a mudança de comportamento em relação aos HTP; o aumento da sensibilização e a mudança de comportamento em relação ao VIH/SIDA; o aumento da sensibilização e a mudança de atitude em relação à saúde da família são, na sua maioria, indicadores diretos. Embora algumas das citações obtidas dos participantes no programa indiquem que o poder de negociação e de decisão das mulheres no agregado familiar está a mudar e se possa argumentar que a capacidade de poupar e de cobrir as despesas de educação dos filhos resulta de alguma forma de controlo do rendimento. Um indicador explícito de "controlo" pode captar muita coisa. O quadro teórico de Moser também analisa quem tem o poder de decisão e, por conseguinte, exerce controlo sobre os recursos do agregado familiar. O inquérito sobre a utilização do tempo realizado pela CSA revelou que os homens têm mais controlo sobre o rendimento do agregado familiar, o que é um reflexo da desigualdade de estatuto. Definir o controlo sobre o rendimento como um indicador de sucesso a longo prazo pode orientar a atenção para as grandes visões da igualdade de género.

A investigação da ICRW menciona o envolvimento dos membros do agregado familiar para chegar a um acordo como estratégia para apoiar o maior controlo das mulheres sobre o rendimento. A Diretora Executiva Tsegie também referiu que, por vezes, os maridos criam conflitos em casa quando as mulheres adquirem poder económico. Embora não tenha sido definida como uma estratégia, a WISE organiza eventos denominados "dia dos maridos" para incluir os homens como apoiantes da igualdade de género. As estratégias que incluem o envolvimento masculino na igualdade de género são importantes para a igualdade de género. A secção de recomendações abordará algumas estratégias para o envolvimento dos homens.

Além disso, a WISE está envolvida na criação de ligações de mercado para os participantes no seu programa-alvo através da realização de exposições, bazares e concursos de ideias de negócio inovadoras nas suas instalações e facilitando a participação em feiras comerciais em espaços internacionais. Recentemente, seis mulheres empresárias que fabricam estolas e sacos de couro fiados e tecidos à mão participaram num bazar e numa exposição na Índia, que foi apoiada pelo DFID e pelo Centro de Comércio Internacional. Embora seja evidente neste exemplo que está a ser realizado um programa deste tipo, o indicador indireto de maior acesso a serviços do sector formal não é utilizado para medir o seu desempenho.

4.5 Princípios de boas práticas

O estudo da ICRW sobre princípios de boas práticas em BDS para o crescimento comparará as práticas da WISE com as práticas identificadas. As conclusões serão reforçadas por Leslie Crutchfield, Forces for Good: As seis práticas das organizações sem fins lucrativos de grande impacto.

Tabela 1.3. Princípios de boas práticas em matéria de BDS para o crescimento das empresas

Escala	WISE S/N	
	Número de mulheres, empresas e organizações abrangidas	Chegar a 28 000 mulheres ;
alcance	Atingir mercados mal servidos, nomeadamente os pobres	Os alvos são os mais pobres dos pobres
Impacto	Melhorar a vida das mulheres através do crescimento das empresas	O plano estratégico identifica o desenvolvimento empresarial como uma abordagem
Custo-eficácia	Atingir o impacto com o menor custo possível	Dados sobre as finanças não disponíveis para o estudo

Sustentabilidade	Garantir a continuidade dos serviços e benefícios a longo prazo	Resposta aos resultados da avaliação

Fonte: "BDS for SMEs: Preliminary Guidelines for DonorFunded Interventions: Summary of the Report to the Donor Committee for Small Enterprise Development", Committee of Donor Agencies for Small Enterprise Development, ILO. janeiro de 1998

A WISE alcançou 28.000 mulheres e raparigas no seu programa de capacitação económica. Alcançou escala, alcance e impacto porque trabalha em colaboração com outros. As organizações sem fins lucrativos de grande impacto constroem um campo mais vasto, partilham recursos e capacitam outros através da partilha de conhecimentos, do desenvolvimento da liderança e do trabalho em coligação (Crutchfield & Grant, 2008). Criam redes de organizações sem fins lucrativos.

O WISE estabeleceu parcerias com coligações locais, regionais e internacionais para partilhar as suas melhores experiências. Identifica-se como uma organização de aprendizagem. Oferece o seu modelo para ser adotado e reproduzido. Adoptou a mentalidade de rede que está alinhada com a visão a longo prazo e o desejo de impacto acima do interesse próprio (Crutchfield & Grant, 2008). Crutchfield observa que estas organizações não se concentram apenas no desenvolvimento das suas próprias capacidades. Em vez disso, aumentam o seu impacto através da cedência de conhecimentos e recursos. Aumentam o seu impacto através do aproveitamento das suas redes sem fins lucrativos. Esta abordagem tem sido designada por "mentalidade de rede". O conhecimento e a experiência com outras organizações são partilhados através de investigação, publicações e reprodução de manuais. O WISE abre as suas portas aos investigadores para estudarem as suas abordagens e torna públicas as suas publicações e investigações. Os manuais de formação são traduzidos e impressos em diferentes línguas para que possam ser utilizados noutros estados regionais da Etiópia. O desenvolvimento da liderança através da promoção de funcionários talentosos e da liderança, tanto nas suas próprias organizações como naquelas com que trabalham, é também uma tática mencionada por Crutchfield. Num artigo recente publicado na sua página nas redes sociais, a Crutchfield informou que a formação de formadores (ToT) em competências de gestão empresarial foi ministrada aos seus parceiros africanos de seis países que são parceiros dos programas do Instituto de Educação Internacional (IIE) e do Instituto Internacional Coady. Crutchfield observa que "o desenvolvimento de talento e liderança pode ser uma ferramenta poderosa para construir uma rede, um movimento ou um campo".

Mantém o impacto porque investe em três elementos críticos: pessoas, capital e infra-estruturas. Crutchfield observa que as organizações de grande impacto não aceitam financiamentos de qualquer fonte pensando que são boas fontes de receita, mas aceitam-nos porque ajudam a resolver os problemas que as organizações sem fins lucrativos estão a abordar. Este facto foi corroborado pela resposta do diretor executivo, que afirmou que a WISE não aceita financiamentos que não estejam alinhados com a missão da organização.

Além disso, Crutchfield salienta a importância de investir em tecnologias da informação, em sistemas de construção e de gestão e de reforçar a capacidade organizacional da organização sem fins lucrativos. Nos dois edifícios de três andares de que a WISE é proprietária, uma sala de tecnologias da informação totalmente mobilada serve os membros da comunidade-alvo

Fazer com que os mercados funcionem, que é uma das práticas também mencionadas por Crutchfield. Para tal, é necessário tirar partido das empresas através da alteração das práticas comerciais, da criação de parcerias com empresas e da gestão de uma empresa.

Numa atualização de notícias na sua página oficial nas redes sociais, a WISE informou ter recebido uma subvenção da Sunlight Industrial and Distribution Co. (SIDCO) para apoiar as raparigas com pensos higiénicos. Muitas raparigas vulneráveis de famílias com baixos rendimentos, pais solteiros ou que vivem com familiares perdem muitos dias de escola, o que acaba por conduzir a um fraco desempenho devido à falta de pensos higiénicos. Cinquenta raparigas receberam pensos higiénicos durante 12 meses. A SIDCO também tem apoiado mulheres carenciadas e crianças com deficiência através da disponibilização de casas para aves de capoeira em pequena escala para membros do público-alvo, cadeiras e instrumentos de desenho para estudantes afectados pela síndrome de Down e prestou apoio financeiro a estudantes que obtiveram notas elevadas no seu desempenho académico. O Diretor Executivo da WISE observou que a maioria dos ricos da Etiópia não contribui para este tipo de assistência. O estabelecimento de uma parceria com o sector privado, como a SIDCO e outros poucos membros do sector privado, é um avanço num país onde a filantropia ainda não se desenvolveu. O sector privado tem um papel significativo a desempenhar no desenvolvimento, mas para isso são necessárias estratégias de envolvimento criativas, inovadoras e sustentáveis que tragam benefícios mútuos para ambos os sectores.

A WISE gere um negócio a partir do aluguer das suas instalações. Este rendimento é injetado de novo na organização para cobrir os custos operacionais e gerir os seus programas de forma sustentável. Estes fluxos de financiamento vêm sem quaisquer restrições, ao contrário dos financiamentos dos doadores que vêm com objectivos específicos para programas específicos. Isto dá à organização flexibilidade e liberdade para utilizar as suas próprias receitas da forma que entender. As formações também são oferecidas através de um mecanismo de partilha de custos. A taxa modesta cobrada ajuda a partilhar os custos (Crutchfield & Grant, 2008).

RESUMO E CONCLUSÕES

Foi feita uma análise crítica da abordagem de intervenção do WISE sobre o empoderamento económico das mulheres. Esta foi analisada e comparada com três estudos: as teorias sobre o género e o desenvolvimento, em especial o quadro teórico de Moser, o estudo da OIT sobre a eficácia das intervenções de desenvolvimento do espírito empresarial das mulheres e, por último, um estudo sobre os serviços de desenvolvimento empresarial das mulheres realizado pela ICRW.

Os resultados confirmaram a eficácia das abordagens do WISE. As suas estratégias de intervenção são concebidas para responder aos desafios identificados pelas mulheres empresárias. As intervenções do WISE baseiam-se no reconhecimento do triplo papel que as mulheres desempenham (papéis produtivo, reprodutivo e comunitário). Reconhece o importante papel que as mulheres desempenham na economia de cuidados não remunerados e concebe as suas estratégias de intervenção para responder às necessidades práticas e estratégicas das mulheres. O processo de conceção das suas estratégias segue os princípios da inclusão. Os membros, os seus cônjuges, a família e a comunidade são envolvidos nos programas. O inquérito de base sobre a situação socioeconómica e os estudos sobre a utilização do tempo estabelecem os parâmetros de referência para medir o impacto e o nível de eficácia. Permite também conceber estratégias orientadas para a procura que respondam aos participantes no programa.

A defesa da liderança das mulheres para o seu empoderamento económico responde às necessidades estratégicas das mulheres. Mas este objetivo é mais uma vez posto em causa pelo triplo papel das mulheres e pela sua responsabilidade no desempenho das suas funções. As mulheres vulneráveis e com baixos rendimentos simplesmente não têm tempo para participar e aproveitar as oportunidades que lhes são oferecidas para progredirem. A necessidade de satisfazer primeiro as suas necessidades práticas de sobrevivência impede-as de aceder a outras oportunidades. As acções de formação em liderança aumentaram a participação e a representação das mulheres na liderança e na tomada de decisões, tanto a nível do agregado familiar como das estruturas comunitárias. No entanto, a qualidade da participação para influenciar as decisões que afectam as questões das mulheres ainda não foi alcançada. A mudança de normas, comportamentos e práticas sociais em matéria de género é um processo lento e requer um investimento prolongado. Não se trata de algo que o WISE possa resolver sozinho, mas sim de esforços concertados de várias partes interessadas que trabalham em prol da igualdade de género.

Os serviços oferecidos pelo WISE, a formação, o acompanhamento e o empréstimo foram mencionados como os factores de sucesso pelos participantes no programa. Isso confirma o estudo de intervenção de eficácia da OIT. Para manter o seu sucesso e impacto, o WISE investe no reforço das suas próprias capacidades e das capacidades das organizações comunitárias que podem prestar serviços de subsistência sustentáveis.

Recomendações

A obtenção de autonomia económica exige múltiplas intervenções que não podem ser deixadas a cargo de organizações como a WISE. É necessário abordar os factores que contribuem para a desigualdade entre os sexos. É necessário abordar o ambiente político, o ambiente cultural, a divisão do trabalho entre os sexos, o estatuto educativo das mulheres e das raparigas, que estão todos interligados. É compreensível que a WISE só possa dar a sua quota-parte de contribuição dentro da sua esfera de influência, guiada pela sua missão. Seguem-se algumas recomendações a considerar.

1. As políticas e estratégias do governo para garantir a participação ativa das mulheres no desenvolvimento económico do país e a igualdade de benefícios são compromissos promissores. Mas se estas políticas de apoio não forem traduzidas em acções, o impacto pretendido perder-se-á.

   Além disso, as políticas macroeconómicas, em particular as políticas fiscais e monetárias, também carecem de uma análise de género e do seu impacto na igualdade entre homens e mulheres. estas aspirações não terão os impactos pretendidos. Estes são os ambientes operacionais, o contexto do ambiente externo que afecta a vida das mulheres e no qual as organizações operam. Apoiar o aparecimento de economistas feministas para investigar e analisar o ambiente macroeconómico através da perspetiva do género pode ser uma forma estratégica de influenciar o ambiente externo.
2. O inquérito sobre a utilização do tempo realizado pela CSA relacionou o nível de escolaridade

com o tempo despendido em trabalho não remunerado. As mulheres que tinham níveis de escolaridade mais elevados despendiam menos tempo em trabalho não remunerado. Foi referido que o aumento do nível de escolaridade está associado ao envolvimento em trabalho produtivo e à melhoria do estatuto económico. Também foi mencionado que a educação aumenta as oportunidades das mulheres de aceder a serviços como formação, finanças e assumir posições de liderança nas estruturas comunitárias. O programa de alfabetização ao domicílio da WISE e o apoio que presta à educação das raparigas é um investimento a longo prazo. A educação é também uma ferramenta poderosa para mudar as percepções de género de rapazes e raparigas numa idade precoce. A WISE pode desempenhar um papel influente juntamente com outros actores que trabalham no domínio da educação. A sua publicação "Let me narrate my story" (Deixa-me contar a minha história), que narra histórias de mudança, pode ser utilizada como ferramenta educativa para chegar a rapazes e raparigas em idade escolar.

3. A WISE ganhou o reconhecimento como líder do programa de capacitação económica das mulheres. As suas abordagens revelaram-se eficazes. Pode ser mais influente se reforçar a sua esfera de influência através de parcerias a nível local, regional e internacional. Pode ser um centro de excelência para o empoderamento económico das mulheres, onde outros podem aprender, e um centro de investigação sobre o género.
4. A importância do envolvimento masculino como estratégia para promover a igualdade de género tem merecido destaque por parte de muitos profissionais do desenvolvimento. Um estudo da CARE que pode reforçar a abordagem da WISE de envolvimento dos homens inclui a motivação dos homens para serem modelos e defensores da igualdade de género. A outra abordagem proposta é a inclusão dos homens em mensagens positivas. Isto é feito convidando os homens para eventos porque eles têm contribuições positivas a dar. Outra estratégia mencionada no estudo da CARE é a identificação de homens líderes que possam transmitir mensagens positivas sobre a igualdade de género.
5. Reforçar as ligações de mercado para as mulheres empresárias, facilitando a ligação com o sector privado, os produtores e os fornecedores, a fim de criar oportunidades de comercialização para os membros.

Referências

Agência Central de Estatística,. (2014). *Inquérito sobre a utilização do tempo na Etiópia*. Addis Abeba, Etiópia.

Crutchfield, L., & Grant, H. (2008). *Forças para o bem*. São Francisco: Jossey-Bass.

Data.worldbank.org,. (2015). *Inflação, deflator do PIB (% anual) |*

IFC,. (2011). *Strengthening Access to Finance for Women-Owned SMEs in Developing Countries [Fortalecimento do acesso ao financiamento para PMEs detidas por mulheres nos países em desenvolvimento*]. Washington, DC.

IFC,. (2014). *Women, Business and the Law*. Londres.

OIT, (2007). *Assessing the Enabling Environment for Women in Growth Enterprises (Avaliação do ambiente favorável às mulheres nas empresas em crescimento*). Addis Abeba.

OIT,. (2014). *Eficácia das Intervenções de Desenvolvimento do Empreendedorismo para Mulheres Empreendedoras :*.

FMI,. (2014). *A REPÚBLICA FEDERAL DEMOCRÁTICA DA ETIÓPIA*. Washington, DC.

Centro Internacional de Pesquisa sobre a Mulher, (2001). *See How They Grow*.

MoFED, (2010). *Plano de Crescimento e Transformação (GTP) 2010/11-2014/15*. Addis Abeba.

Oxfam, (1999). *A Guide to Gender Analysis Frameworks*.

Peet, R., & Hartwick, E. (1999). *Theories of development*. New York: Guilford Press.

Unwomen.org,. (2015). *Promoção da Igualdade de Género: Promising Practices | Improved Capabilities and Resources | Ethiopia*.

USAID,. (2006). *GUIA PARA O EMPREENDEDORISMO DAS MULHERES EM AMBIENTES CRÍTICOS*. Washington, DC.

Fórum Económico Mundial,. (2014). *Relatório sobre as disparidades globais entre homens e mulheres*.

MIX
Papier aus verantwortungsvollen Quellen
Paper from responsible sources
FSC® C105338

Printed by Books on Demand GmbH, Norderstedt / Germany